BEI GRIN MACHT SICH IHR WISSEN BEZAHLT

- Wir veröffentlichen Ihre Hausarbeit,
  Bachelor- und Masterarbeit

- Ihr eigenes eBook und Buch -
  weltweit in allen wichtigen Shops

- Verdienen Sie an jedem Verkauf

Jetzt bei www.GRIN.com hochladen
und kostenlos publizieren

Bibliografische Information der Deutschen Nationalbibliothek:

Die Deutsche Bibliothek verzeichnet diese Publikation in der Deutschen National-
bibliografie; detaillierte bibliografische Daten sind im Internet über http://dnb.d-
nb.de/ abrufbar.

Impressum:

Copyright © 2007 GRIN Verlag, Open Publishing GmbH
Druck und Bindung: Books on Demand GmbH, Norderstedt Germany
ISBN: 9783656531418

Dieses Buch bei GRIN:

http://www.grin.com/de/e-book/83470/anlegen-einer-personalakte-unterweisung-
industriekaufmann-frau

Sabine Jakobi

Anlegen einer Personalakte (Unterweisung Industriekaufmann / -frau)

Modifizierte 4-Stufen-Methode und Lehrgespräch

GRIN Verlag

Unterweisung
Ausbilder-Eignungsprüfung

Name: Sabine Jakobi

Beruf / Studium: Industriekauffrau / Dipl.-Betriebswirtin (FH)

Prüfungsort / Prüfungstag: Koblenz, 30.10.2007

Thema der Unterweisung: Anlegen einer Personalakte

**Abschnitt der Ausbildungs-
ordnung:**   Lfd. Nr. 7.2 b)

Ausbildungszeitpunkt: 2. Ausbildungsjahr

Ausbildungsberuf: Industriekaufmann

Dauer der Unterweisung: 15 Minuten

Hiermit erkläre ich, dass der Unterweisungsentwurf von mir selbständig erarbeitet wurde:

_____   _____
Ort, Datum   Unterschrift

Inhaltsverzeichnis

1 Rahmenbedingungen

1.1 Adressatenanalyse

Der Auszubildende Marius Müller ist 18 Jahre alt, hat Mittlere Reife und befindet sich im zweiten Ausbildungsjahr.

Herr Müller wies bisher befriedigende Leistungen in der Berufsschule auf, zeigt aber großes Interesse an den betrieblichen Arbeitsabläufen. Er hat eine gute Auffassungsaufgabe und große Freude an eigenständigem Arbeiten.

Der Auszubildende befindet sich im Rahmen seiner Ausbildung in der Personalabteilung und kennt die Hauptaufgaben dieser Abteilung. Die einzelnen Tätigkeiten soll er aber durch Unterweisung kennen lernen und später selbständig ausführen können.

1.2 Ort der Unterweisung im Betrieb

Die Unterweisung findet am Arbeitsplatz des Auszubildenden im Personalbüro statt. Der Vorgesetzte sowie die Kollegen sind informiert, so dass Störungen während der Unterweisung vermieden werden.

1.3 Unterweisungszeitpunkt und Dauer

Die Unterweisung dauert 15 Minuten und beginnt um 9.30 Uhr, da zu diesem Zeitpunkt mit der höchsten Leistungsbereitschaft zu rechnen ist.

1.4 Arbeitsmittel / Medien

- zwei leere Personalakten

- Bewerbungskorrespondenz, Bewerbungsunterlagen, Personalbögen, Arbeitsverträge sowie Mitgliedbescheinigung der Krankenkasse der zwei neuen Mitarbeiter

- Trennstreifen

- Kugelschreiber

2 Didaktische Analyse

2.1 Thema der Unterweisung

Das Thema der Unterweisung lautet: "Anlegen einer Personalakte" und umfasst somit *§4 Abs. 1 Nr. 7.2 Personaldienstleistungen, b) Aufgaben der Personalverwaltung einschließlich Eintritte und Austritte bearbeiten* gemäß des Ausbildungsplans für den Ausbildungsberuf des Industriekaufmann/-frau.

2.2 Formulierung der Lernziele

Richtlernziel: Personaleintritte bearbeiten

Groblernziel: Anlegen einer Personalakte

Feinlernziele: Nach der Unterweisung kann der Auszubildende eine Personalakte selbständig und ordnungsgemäß nach den entsprechenden Vorgaben anlegen und pflegen.

Operationalisiertes Lernziel: Das Lernziel gilt als erreicht, wenn Herr Müller innerhalb von 15 Minuten selbständig eine Personalakte anlegen kann.

kognitiv: Der Auszubildende kennt die Bestandteile sowie die Unterteilung einer Personalakte

Dem Auszubildenden sind die gesetzlichen Bestimmungen zur Herausgabe der Personalakte sowie die datenschutzrechtlichen Richtlinien bekannt.

affektiv: Der Auszubildende ist sich bewusst, dass eine Personalakte sorgfältig, gewissenhaft und vertraulich geführt werden muss.

2.3 Umsetzung von Schlüsselqualifikationen

Durch die Unterweisung werden Herrn Müller folgende Schlüsselqualifikationen vermittelt:

- Sorgfalt

- Gewissenhaftigkeit

- Eigenständigkeit

- Verantwortungsbewusstsein

2.4 Gliederung in Lernabschnitte

Siehe Punkt 4 Ablauf der Unterweisung.

3 Methodische Analyse

3.1 Methoden der Unterweisung

Bei der Unterweisung werde ich den Auszubildenden zunächst mittels des Lehrgespräches in das Thema einführen. Im Anschluss daran wende ich die modifizierte Vier-Stufen-Methode an, bei der das Vormachen durch Vorsagen ersetzt wird. Zudem verknüpfe ich Stufe zwei (Vorsagen) und Stufe drei (Umsetzen) miteinander, da ich den Auszubildenden direkt aktiv einbeziehen möchte. Ergänzend wird dabei das Lehrgespräch angewandt.

3.2 Medieneinsatz

Siehe Punkt 1.4 Arbeitsmittel / Medien.

3.3 Rolle des Ausbilders und des Auszubildenden

Der Auszubildende führt meine Anweisungen eigenständig aus. Erst bei Fehlern werde ich eingreifen, wobei ich dem Auszubildenden zunächst die Möglichkeit gebe, den Fehler selbst zu finden. Der Ausbilder nimmt die Rolle eines Lernberaters ein, der seinem Auszubildenden Freiraum zum selbständigen Handeln lässt.

4 Ablauf der Unterweisung

4.1 Lehrgespräch

Herr Müller wird von mir freundlich begrüßt und ihm durch ein einleitendes persönliches Gespräch die Befangenheit genommen. Danach nehme ich links neben ihm Platz, da Herr Müller Rechtshänder ist.

Ich werde ihm das Thema und Ziel der der Unterweisung erläutern und ihn fragen, ob er bereits schon einmal Einsicht in seine Personalakte genommen hat. Dabei erläutere ich ihm die gesetzlichen und datenschutzrechtlichen Bestimmungen.

Ich werde Herrn Müller erklären, dass die Führung einer Personalakte zwar nicht gesetzlich vorgeschrieben ist, es sich aber aus organisatorischen Gründen empfiehlt eine solche zu führen. Zudem mache ich ihn auf einige Grundsätze aufmerksam, die es bei der Führung einer Personalakte zu beachten gilt.

4.2 Modifizierte Vier-Stufen-Methode

1. Stufe: Vorbereiten / Motivation:

Vor Beginn des Gespräches lege ich die vorbereitenden Arbeitsmittel auf dem Arbeitsplatz bereit.

Da Herr Müller große Freude an eigenständigem Arbeiten hat, teile ich ihm mit, dass wir im nächsten Monat neue Auszubildende einstellen sowie neue Mitarbeiter für die Produktion und er selbständig die Personalakten anlegen soll. Außerdem wird er für das Pflegen der vorhandenen Personalakten verantwortlich sein.

2. und 3. Stufe: Vorsagen / Anweisung und Umsetzung:

Ich erläutere Herrn Müller, in welche Sachgebiete unsere Personalakten untergliedert werden und welche Unterlagen unter welche Abschnitte in welcher Reihenfolge abgeheftet werden.

Danach soll Herr Müller sich die Unterlagen des neuen Mitarbeiters anschauen. Ich frage ihn chronologisch, welche Dokumente er den einzelnen Abschnitten zuordnen würde, begonnen bei dem ersten Abschnitt "Persönliche Daten", dann "Vertragliche Vereinbarungen", "Tätigkeit", "Bezüge", "Abwesenheit" und zuletzt "Allgemeiner Schriftverkehr".

Ich frage ihn, ob er dazu noch Fragen hat und beantworte diese. Im Anschluss heftet Herr Müller die zugeordneten Dokumente entsprechend ab. Sofern er einen Fehler macht, schreite ich ein. So können mögliche Unklarheiten erkannt und behoben werden. Zuletzt beschriftet er die Personalakte mit dem Namen und der Personalnummer des neuen Mitarbeiters.

4. Stufe: Üben:

Herr Müller soll nun die zweite Personakte selbständig bearbeiten, um zu zeigen, dass er den Vorgang verstanden hat.

5 Lernerfolgskontrolle

Ich werde in den folgenden Tagen entsprechende Kontrollfragen stellen und der Auszubildende wird zur Übung weitere Personalakten anlegen und pflegen. Des Weiteren erhält Herr Müller den Auftrag, das Thema in seinem Ausbildungsnachweisheft zu behandeln.